L'EFFORT PORTUGAIS

ET

L'UNION OCCIDENTALE

PAR

Magalhâes LIMA

SÉNATEUR

Ancien Ministre de l'Instruction publique
(Portugal)

L'EFFORT PORTUGAIS

ET

L'UNION OCCIDENTALE

L'EFFORT PORTUGAIS

ET

L'UNION OCCIDENTALE

PAR

MAGALHÂES LIMA

Ancien Ministre de la République Portugaise

AVEC UNE

INTRODUCTION D'ANTOINE PETIT

AUXERRE

IMPRIMERIE GALLOT

—

1918

A MES AMIS FRANÇAIS

Cette guerre a créé entre la France et l'Occident un lien que rien ne devrait plus rompre.

Par son effort militaire, l'Allemagne n'avait qu'un but, achever la conquête de l'Occident qu'elle avait commencée par son effort économique. Elle a attaqué la France, parce que la France était l'avant-garde de l'Occident.

Cette vérité n'est pas d'abord apparue aux yeux de la France et de l'Occident. Au début de la guerre, la France a cru ne défendre que la France, comme l'Angleterre, en venant se ranger à ses côtés, a cru ne défendre que l'Angleterre, et, plus tard, l'Italie, en brisant les chaînes qui l'asser-

vissaient à l'Allemagne, a cru ne défendre que l'Italie.

Le premier, le Portugal a donné à la lutte sa véritable signification occidentale, en entrant dans la lice, sans qu'aucun danger immédiat et direct ne le menaçât.

Et la démonstration s'est faite, éclatante, le jour où les États-Unis, par la voix de Wilson, ont lancé le défi de la démocratie occidentale aux autocraties de l'Europe centrale.

Ce jour-là, un grand acte s'est accompli, dépassant de bien haut les raisons et les fins des guerres du Passé.

Cet acte, qui entraînait ou va entraîner l'adhésion de toutes les Amériques, montrait que cette guerre n'est pas, comme autrefois, une guerre de conquêtes territoriales ou d'ambitions dynastiques, mais une guerre d'Idées, la guerre de la Liberté contre le Despotisme, du Droit contre l'Iniquité, de tout ce qui fait la lumière latine contre tout ce qui fait les ténèbres germaniques. Cette guerre, c'est la guerre de deux civilisations, l'une sublime, l'autre vile. Et le champion de la civilisation sublime du Droit, de la Liberté et de la Lumière, c'est tout l'Occident.

Or, sur quel champ de bataille tout l'Occident se rencontre-t-il ? Sur le sol français.

C'est sur le sol français que, dans ce conflit mondial, l'Occident prend conscience de lui-même, comprend qu'il forme un bloc, un tout, de mêmes intérêts et de mêmes sentiments, de mêmes aspirations et de même avenir, dans une même vie et un même idéal.

C'est sur le sol français que s'est faite, pendant la guerre, l'union de l'Occident.

Grave responsabilité, honneur insigne pour la France !

La France n'a pas failli à cette responsabilité, ni démérité de cet honneur.

Mais il lui reste un devoir à poursuivre. Il faut qu'elle dise à l'Occident que, pour qu'il vive et progresse et triomphe, il doit rester uni pour la paix et dans la paix.

De son côté, l'Occident a, lui aussi, à remplir

un devoir. Ce devoir, c'est de toujours se souvenir de ces rives de la Marne, de l'Yser et de la Meuse où la France l'a sauvé, en se sauvant elle-même. Ce devoir, c'est de toujours vénérer et exalter ces miracles d'héroïsme, de patience et d'abnégation par lesquels la France a honoré une fois de plus cette civilisation dont il s'honore d'être né. Ce devoir, c'est de protéger à jamais le sol français, ce sol qui désormais doit être pour lui le SOL SACRÉ, fécondé qu'il aura été, pour la plus grande des causes, par son sang le plus pur.

Cette guerre a créé entre la France et l'Occident un lien que rien ne doit plus rompre.

MAGALHAES LIMA.

INTRODUCTION

Au mois de mai 1916, il se constitua à Paris un Comité pour organiser un Congrès d'Intellectuels Latins. Le but de ce Congrès : étudier les bases sur lesquelles pourrait s'élever, pour l'après-guerre, l'union politique des six nations latines d'Europe. De hautes personnalités, sollicitées dans toutes les catégories de l'Intellectualité française, sans distinction de partis politiques ou religieux, d'écoles littéraires, scientifiques ou artistiques, donnèrent leur adhésion.

Une des vice-présidences du Bureau ayant été proposée au maître-romancier Paul Adam, celui-ci fit remarquer l'intérêt qu'il y aurait à convoquer à cette grande manifestation de civilisation latine, « à laquelle il convient, dit-il, de donner son maximum d'influence dans le monde entier », les Latins de l'Amérique du Sud, si épris de nos institutions, disciples de nos juristes, de nos Encyclopédistes, de notre Révolution, de nos maîtres les plus révérés. Pour les attirer, l'éminent écrivain promettait le concours de la Ligue de la Fraternité intellectuelle Latine qu'il venait de fonder en accord avec les diplomates les plus importants des légations sud-américaines à Paris. Idée et concours furent acceptés.

Un manifeste parut. Ce document déclarait « que, la guerre ayant éclairé la conscience humaine sur le

danger que fait courir à l'humanité une nation aspirant à la domination universelle, et ce danger ayant
surtout menacé les nations de race latine dont, sans
en excepter une, l'Allemagne proclamait depuis longtemps la décadence irrémédiable, les nations latines
d'Europe et d'Amérique devaient s'unir et se solidariser pour garantir désormais leur sécurité, leurs
libertés et leur juste expansion nationale. » On
conviait à la préparation de cette œuvre ceux qui,
placés dans les sphères les plus élevées et les plus
éclairées de l'opinion publique, pouvaient le mieux
la mener à bien par leur habitude des spéculations
de l'esprit, leurs méthodes philosophiques, leur érudition historique, leur sens artistique de la Vérité
éternelle.

Les travaux d'organisation du Congrès étaient en
bonne voie, lorsque des incidents d'ordre diplomatique vinrent les interrompre. Trois membres de la
Ligue de la Fraternité intellectuelle Latine objectèrent que, comme Ministres de Républiques sud-
américaines *neutres*, ils ne pouvaient laisser leur
signature au bas d'un manifeste contenant des allusions hostiles à l'Allemagne et les termes « union
politique », allusions et termes dont ils n'avaient pas
le droit de prendre la responsabilité, sous peine de
forfaire aux devoirs de la neutralité.

Une question se posa. Devait-on se priver de
l'appui de ces diplomates ? Devait-on, pour le conserver, modifier la physionomie essentielle d'un
document déjà rendu public ?

Peut-être aurait-on abouti à une entente si, d'un

autre côté, un haut fonctionnaire du quai d'Orsay, tout en sympathisant avec l'idée d'une réunion intellectuelle internationale, n'avait exprimé le désir d'en voir remettre à plus tard la réalisation. De source privée, il était également appris qu'il y aurait inconvénient à poursuivre la préparation d'un Congrès purement latin, dont nos alliés et amis de race anglo-saxonne, l'Angleterre et les Etats-Unis, pourraient trouver à redire de ne point être participants.

Telle était la situation le 1er novembre 1916. Elle semblait un obstacle, au moins momentané, à un projet pourtant aussi favorable, dans l'esprit de ses auteurs, à l'ensemble des alliés qu'aux seules nations latines.

Ce fut alors qu'intervint un homme qui a fait de l'idée d'union anglo-latine l'objet de ses constantes préoccupations et de ses plus sérieuses études, le célèbre publiciste portugais, grand ami de la France et de l'Angleterre, Magalhâes Lima.

Cette intervention se produisit à Paris, dans une des réceptions offertes aux Intellectuels Espagnols, lors de leur voyage en France pour rendre aux Académiciens français la visite faite Outre-Pyrénées quelques mois auparavant.

Depuis longtemps, le clairvoyant patriote portugais avait, hautement, manifesté ses opinions sur la nécessité d'un rapprochement entre le Portugal et l'Espagne, et c'est même dans ce rapprochement qu'en héritier de la pensée d'Auguste Comte, il voyait la première application de ses doctrines d'union occidentale. Il avait publié à ce sujet un volume intitulé : « *La Fédération ibérique* », dont la synthèse était : fédération ibérique, comme première étape pour arriver à la fédération latine, celle-ci, à son tour, devant conduire à la fédération humaine.

Prenant texte de cet écrit et s'adressant, le soir de la Toussaint, à un auditoire où se rencontraient Français, Espagnols, Belges, Italiens et Anglais, il alla jusqu'au bout de sa pensée : « La situation créée par la guerre, affirma-t-il, ne se comprend plus avec un idéal simplement latin. Il faut déduire de cette situation toutes les conséquences qu'elle comporte, et la première, c'est que désormais l'Angleterre ne doit plus être mise en dehors de nos préoccupations. Notre formule doit être la formule d'Auguste Comte : l'Union Occidentale. C'est la civilisation latine élargie, et cet élargissement n'est-il pas non seulement dans la force des choses imposée par les événements actuels, mais dans la nature des choses démontrée par tous les événements antérieurs ? L'Union des peuples anglo-saxons et des peuples latins, qui doit sortir de cette guerre, n'est qu'un aboutissement de toute l'histoire de la civilisation latine dont les Anglo-Saxons, au même titre que les Latins, sont les fils spirituels. Le génie des Dante, Mirabeau, Chatam, Cervantès, Camoëns, Lincoln et Bolivar, a sucé les mêmes mamelles de la Louve Capitolienne. Le jour où les Anglais ont mis le pied sur le sol celtique de la vieille Gaule, pour le défendre, ils ont accompli un acte familial. Et dans le nouvel élan, la nouvelle prospérité que la culture léguée par Rome, notre mère à tous, va retirer de son prochain triomphe sur son éternelle ennemie, la Barbarie germanique, les Anglais seront pour nous, Portugais, Espagnols, Français, Belges, Italiens, non des rivaux jaloux, mais des émules fraternels. Quel meilleur argument pour une association politique de l'Occident ? Quel service nous rendrons à l'Humanité entière si nous nous consacrons tout entiers à préparer cette Union utile et féconde, logique et pratique, complète et définitive ? En ne poursuivant pas cette œuvre avec toute notre foi et toute notre énergie, nous manquerions à tous nos devoirs envers les nouvelles espérances de la Démocratie, le nouvel idéal humain, la nouvelle orientation mondiale. L'Union anglo-latine, c'est le vrai gage de la paix future, et, par cela même, le vrai gage d'un progrès sûr et illimité dans la justice et la liberté, c'est le salut, la gloire, le bonheur de l'Avenir ! »

Ces éloquentes paroles furent comme le rayon de soleil qui, après l'orage, dissipe les nuées. A la suite de cette allocution, — qui sera peut-être un jour citée comme historique, — un accord s'établit entre l'ardent orateur de l'Idée Occidentale et le Bureau du Congrès des Intellectuels Latins, qui prit le nom de Comité Anglo-Latin et dont Magalhâes Lima assuma aussitôt la direction morale et effective.

Jamais direction ne fut plus active ni plus efficace.

En France, un professeur de la Sorbonne, Président du Centre d'études franco-hispaniques, Secrétaire général du groupement des Universités pour les relations avec l'Amérique latine, E. Martinenche, propose comme un des objets du Congrès la fédération de toutes les Sociétés parisiennes ayant pour programme le développement des amitiés entre peuples latins. Magalhâes Lima adhère immédiatement à cette proposition : « Acceptons-la sans tarder, écrit-il. Oui, il faut rassembler tous ceux qui ont des aspirations identiques. Supprimons la dispersion qui ne sert qu'à diviser et peut devenir un danger mortel. Donnons de la cohésion et de l'homogénéité aux groupements visant le même but. Les résultats en seront incalculables. »

En Italie, il s'est formé sur l'initiative de l'éminent avocat-conseil du Parlement italien, Guiseppe Leti, une association, la « Latina gens », qui acquiert, en peu de temps, une extension considérable. Magalhâes Lima, membre-directeur pour le Portugal, s'empresse de l'intéresser à sa propagande et obtient son concours pour une délégation italienne.

De Roumanie, ce pays qui doit être l'avant-poste de la civilisation anglo-latine en Orient, le grand Latin, qui se nomme Take Jonesco, a écrit son intention de réunir une délégation roumaine. Mais la gravité des événements balkaniques interrompant toute correspondance, c'est une Roumaine, habitant Rome depuis dix ans, une femme de lettres remarquable, Mme Hélène Bacaloglu, qui remplacera dans cette mission l'ancien Président du Conseil roumain.

En Espagne, Magalhâes Lima porte ses efforts vers le Comité de rapprochement franco-espagnol, présidé par le duc d'Albe et le sénateur Altamira. A Madrid, il entre en rapports personnels avec les Secrétaires de ce Comité, Americo Castro et Manuel Azana. A Barcelone, il charge le dévoué Directeur de l'Alliance Latine, Charles Garnier, de constituer une délégation catalane.

Quant au Portugal, où, dès son retour de Paris, il reçoit les témoignages de la plus vive admiration pour la part qu'il a prise à l'entrée de son pays sur le champ de bataille européen, il profite de toutes les manifestations, occasionnées par son séjour, pour proclamer sans cesse le Verbe occidental dont il s'est fait l'apôtre. Qu'il soit honoré, à Lisbonne, d'une soirée de gala où, en présence du Président de la République, une adresse de reconnaissance lui est solennellement remise par ses amis, ou qu'il aille à Porto décrire, devant une assistance enthousiaste, les Terres-Saintes de la Liberté, ou qu'il célèbre soit un grand acte français, la Prise de la Bastille, soit un grand homme portugais, le marquis de Pombal, toujours il ramène l'attention de ses auditeurs vers ces horizons d'Occident où déjà s'est exercée l'action mondiale de la patrie de Camoëns, où elle doit s'exercer encore.

Et il s'adresse à tous, il ne veut négliger aucune collaboration.

Ancien Ministre de l'Instruction publique, il s'entoure d'Universitaires. Propagandiste, il aide les sommités politiques et intellectuelles de Paris à former le Comité France-Portugal, et les sommités politiques et intellectuelles de Lisbonne à former le Comité Portugal-França. Polémiste de longue date, il frappe de nouveau aux portes de la Presse, demande des articles, accorde des interviews. Et, vieux défenseur des revondications féministes, il réclame l'appui des femmes !

En attendant la réunion du Congrès anglo-latin, il organise une conférence à la Sorbonne, où, à côté de lui, des orateurs français, italiens, roumains, espagnols parleront de la nécessité, opportune plus que jamais, de l'Union Anglo-Latine. Mais les tragiques événements d'Italie empêchant, pour le moment, cette manifestation, il reprend sa plume de combat et écrit cette brochure, « *L'Effort portugais et l'Union occidentale* ».

Pour fonder aujourd'hui l'Union occidentale, ce lutteur, infatigable malgré ses soixante-sept ans, déploie la même ardeur révolutionnaire que jadis il a déployée pour fonder la République portugaise.

Puisse-t-il réussir aussi bien !

Magalhâes Lima est un de ces hommes qui, dans un éclat d'événement, synthétisent une époque. N'est-il pas, dans une grande période de l'Histoire, le grand apôtre d'une grande Idée ?

Antoine PETIT.

LA PATRIE PORTUGAISE

Le Portugal est un petit « grand pays ». Ce fut Alfred Naquet qui, le premier, employa le mot. Mot très juste, car il correspond à la splendeur d'un passé glorieux et aux espoirs d'un avenir triomphant. Si, en effet, de longs siècles de despotisme royal et jésuitique interrompirent pour mon pays sa marche en avant, son épanouissement naturel, il y a eu deux événements retentissants qui le réveillèrent de son sommeil criminel : la proclamation de la République, le 5 octobre 1910 ; la résolution de sa participation à la guerre, prise par le Congrès, le 7 août 1914.

Par le premier de ces faits, la nation portugaise s'est relevée de l'impuissance qui la conduisait à une mort certaine. On peut dire, sans exagération, que ce fut une véritable résurrection. L'esclave s'est fait citoyen. Et le citoyen, qui vivait en pleine guerre civile, reconnut qu'il avait enfin une patrie, car il n'y a pas de patrie sans liberté et sans justice.

Au Portugal, pendant les dernières années de la dynastie de Bragance, on ne vivait plus : on traînait une existence misérable et honteuse. La corruption en haut, l'ignorance en bas, deux instruments de tyrannie ! La République est venue à son heure. Elle s'imposait par une raison de salut public, pour nous libérer du joug dynastique, nous émanciper de la tutelle cléricale.

La lutte fut longue et dure. Mais les conséquences en sont visibles. Nous avons aujourd'hui une armée excellemment organisée, une situation internationale absolument garantie. Et partout, à l'intérieur du pays comme à l'extérieur, se fait sentir un nouvel état de choses. Pour bien constater l'importance de cette transformation politique, de ce renouveau national, il est à remarquer que le régime actuel a dû combattre sept siècles de préjugés et d'intérêts de castes. Mais la République est faite dans les esprits, ainsi que dans les mœurs. Quelles que soient les crises qu'elle traversera, rien ne pourra l'ébranler. Une restauration de la monarchie est désormais impossible. Personne n'y croit plus, pas même les monarchistes. Et la dernière visite du Président

Bernardino Machado au front français, britannique, belge et portugais, a bien prouvé que la République est définitivement reconnue et acceptée par les nations étrangères.

Patrie et *République* sont devenus chez nous deux termes synonymes. Ils se confondent dans une même aspiration. Il serait impossible de les séparer, car c'est le régime républicain qui symbolise aujourd'hui la Patrie portugaise.

Qu'est-ce que la Patrie portugaise ?

Ah ! remontant au passé, demandez-le d'abord à celui qui découvrit la route des Indes, en donnant au commerce international un nouvel essor et de nouveaux débouchés; à celui, le plus grand de nos ancêtres, qui nous donna l'Orient ; à celui qui, abordant au Brésil, apporta au Nouveau-Monde le nom Lusitanien ; à celui qui révéla ce paradis caché, l'île de Madère. Demandez-le à tous ces hardis marins qui, à la suite de ces entraîneurs merveilleux, les Vasco de Gama, les Albuquerque, les Cabral, les Zarco de Camara, ont sillonné les mers au xv⁰ et au xvi⁰ siècle, portant la bonne nouvelle aux plages lointaines, aux mondes inconnus, non pour le brigandage, mais pour la civilisation. Demandez-le à tous ces soldats qui, au prix de leur vie, ont fondé le plus vaste empire colonial qui ait jamais existé ; à tous ces héros qui ont collaboré à la plus belle épopée qui ait jamais été vécue. Demandez-le aux géants des tempêtes qui ont reculé devant leur intrépidité ; aux abîmes ténébreux qui leur ont livré leurs secrets ; aux océans domptés qui leur ont ouvert leurs portes d'Infini. Demandez-le à la Terre soumise, à la Nature maîtrisée, à l'Univers ébloui de tant d'audace et de génie, qui lui rappelaient l'audace et le génie de Rome.

Ombre de Camoëns, lève-toi !

La caravelle, l'historique caravelle, je la vois encore, légère et élégante, se livrant au baiser du flot. Elle porta dans ses flancs toute cette Renaissance gréco-latine qui s'étendit, victorieuse et par d'incalculables bienfaits, à tous les continents, de l'Afrique aux Indes, partout où la vieille Europe du moyen âge se devait, pour sa propre régénération, de s'étendre et grandir. Cette caravelle, dont les ailes déployées s'ouvraient à toutes les espérances de l'avenir humain, je la regardais, dans mes rêves de patriote, comme l'image d'un monde de lumière arraché aux ombres du passé.

Ces chers rêves de ma jeunesse... Hélas, ils se dissipent devant la réalité brutale, écrasante et scélérate. Jadis, la caravelle, maintenant, le sous-marin... L'œuvre de la vie et l'œuvre de la mort, l'œuvre de l'amour et l'œuvre de la haine, l'œuvre des héros et l'œuvre des bandits, l'œuvre latine et l'œuvre germanique : « C'est ici le combat suprême entre le jour et la nuit », s'écriait le poète à son dernier soupir.

Qu'est-ce encore que la Patrie portugaise ?

Un pays où, à côté de l'amour des expansions mondiales, l'amour de l'indépendance nationale a toujours dominé les cœurs. Du deuxième siècle avant Jésus-Christ jusqu'au siècle actuel, le Portugal a toujours maintenu, par des luttes tenaces et héroïques en faveur de ses libertés, le caractère et les tendances de notre race. Vers l'an 150, nos ancêtres, les Lusitaniens, se soulevèrent à la voix d'un jeune pâtre de la montagne, Viriate, qui battit successivement cinq préteurs, accula dans un défilé l'armée du consul Servilianus, imposa à la fierté romaine un traité qui le reconnaissait roi. Les Romains ne purent se débarrasser de ce redoutable adversaire que par l'assassinat. L'époque du comte Henri, prince français, quatrième fils du duc de Bourgogne, celle d'Alfonso Henriques, le véritable fondateur de la monarchie portugaise, jusqu'à Alphonse III, qui se signala par la libération de notre territoire sur

les Maures, sont des preuves des hautes vertus
qui se sont transmises à travers toute notre histoire. Citons, entre les grandes figures qui se
montrèrent des modèles de vaillance et de loyauté,
D. Nuno Alvarès Pereira, le Scipion portugais. Ce
fut à cette époque (1385), pendant le règne de
D. Joao d'Aviz, que remonte la longue série des
découvertes et expéditions maritimes qui illus-
trèrent le petit royaume.

Une nation qui opère de tels prodiges peut, par
des circonstances malheureuses, avoir des mo-
ments de défaillance. Mais, à la moindre secousse,
elle se redresse dans le réveil de ses énergies seulement endormies. Rappellerai-je notre libération
du joug espagnol en 1640, la régénération nationale due au marquis de Pombal, la révolution de 1820, la Constitution de 1826, les
luttes de 1834 et 1836 entre libéraux et abso-
lutistes, la première Révolution républicaine de
Porto, le 31 janvier 1891 ? N'avons-nous pas ainsi
toujours répondu à ce que Ruyssens a si bien
défini dans son beau livre « Le Problème des Nationalités » : « Pour qu'une nationalité s'affran-
chisse, dit-il, il faut que deux conditions se réa-
lisent : qu'elle maintienne pieusement le culte de

son passé, qu'elle ne se lasse point d'entretenir son idéal d'avenir. »

Et si d'hier nous passons à aujourd'hui, qu'est-ce encore que la Patrie portugaise ? Interrogez ce brave et vaillant peuple qui a donné à l'humanité étonnée le plus splendide spectacle de beauté morale que l'on ait jamais admiré. Interrogez ces hommes de science, ces commerçants, ces industriels, cette élite d'écrivains et d'artistes, qui tous se sont levés, dans les grandes journées d'octobre 1910, pour aller vers la liberté, salut de la Patrie.

Sous quels étendards marchaient-ils ?

De même que la Grèce s'inspirait de la voix de ses dieux, c'est vers l'idéal latin, l'idéal de sa race, vers le soldat héroïque et le chantre divin qui a fixé dans l'histoire notre personnalité spirituelle, vers le successeur de Virgile et l'émule de Dante, c'est vers Camoëns que le Portugal s'est tourné, dans ses jours de malheurs et de deuil, pour lui demander l'appui, le courage et la valeur civique. Chaque strophe des *Lusiades* n'était-elle pas devenue pour nous un mot d'ordre national ? Et n'est-ce pas dans l'immortel poème où vibre notre immortelle épopée, que nous avons communié, communions et communierons toujours avec la civilisation immortelle, la civilisation de **Rome,** héritière d'Athènes ?

Alors, qu'est-ce donc enfin que la Patrie portugaise ?

Par toutes ses traditions, tous ses héroïsmes, toutes ses beautés, la Patrie portugaise est fille et partie intégrante, — et non la moins active, la moins utile, la moins glorieuse, — de la grande Patrie latine.

Nous sommes des Latins !

Tout ce que nous avons fait de grand, nous l'avons fait parce que nous appartenions à cette grande famille, avions été élevés à cette grande école de la Latinité, créatrice de Droit et éducatrice de Liberté.

Notre passé le prouve. Comment notre présent va le prouver encore, c'est ce que j'ai maintenant le devoir et la fierté de dire.

L'EFFORT PORTUGAIS

L'effort portugais n'a pas encore été apprécié comme il le mérite. Par sa spontanéité et l'esprit de sacrifice qui le caractérisent, il égale celui des grandes puissances.

Lorsque la guerre européenne éclata, l'ancien Président de la République, Bernardino Machado, alors Président du Conseil, se présenta, le 7 août 1914, devant le Parlement, pour demander le contrôle de la situation du Portugal, afin d'accomplir le devoir que l'honneur imposait à notre Patrie envers l'Angleterre, dont nous sommes, depuis des siècles, les alliés. Je ne puis pas vous décrire l'enthousiasme soulevé par les déclarations du gouvernement. Dans les rues, le peuple acclama les nations de l'Entente.

Le 23 novembre suivant, le Président du Conseil renouvela ses déclarations devant le Congrès. La question ainsi posée, il ne pouvait plus y avoir de doute sur l'entrée en guerre du Portugal.

C'était à la fois un devoir national et international. Si nous avions été des égoïstes, nous aurions pu redouter les difficultés de cette tâche, mais nous n'avons jamais manqué à ce que nous considérons comme un devoir élémentaire des honnêtes gens.

Interventionniste de la première heure, je me suis mis à la tête des manifestations ententistes de Lisbonne, et le souvenir m'en émeut encore. C'était dans ce décor qui vit s'accomplir toujours les grands actes de la vie portugaise, au bord de cet Atlantique où notre race s'est élevée, du haut de ces rivages d'où nous contemplons le vaste Océan, non pas du regard nostalgique de celui qui abdique et s'en va, mais du regard de l'homme qui voit se lever une aurore de victoire et d'immortalité. Et le Tage, lent et majestueux, qui berça les caravelles ancestrales cinglant vers les glorieuses immensités, portait sur ses mêmes eaux, en automne 1914, les vaisseaux amis de France et d'Angleterre, venant saluer notre fier drapeau républicain aux couleurs symboliques, le vert des flots souriants et de nos espoirs nationaux, le rouge des sangs généreux et de nos aspirations sociales.

Au nom du peuple portugais, j'ai parlé à nos

nobles visiteurs, je leur ai exprimé notre foi absolue dans la victoire, *notre* victoire, la victoire de la civilisation. Sur la plage, le peuple, soulignant de ses acclamations ce que cet instant avait de solennel, revivait son passé, affirmait son avenir, dans toute la sérénité de sa conscience, et, sous l'égide des grands morts, révélait de nouveau son âme d'autrefois, l'âme des belles aventures de vaillance et de justice.

L'attitude que nous avons eue depuis, on la connaît. Elle est franche, ouverte, sincère et loyale. Elle ne se prête pas à des équivoques, à des mystifications, à de fausses interprétations. Nos divisions de politique intérieure ne pourront rien changer à cette direction de notre politique extérieure. Les Portugais sont avec l'Angleterre et la France, aux côtés des Alliés, par le sentiment, la raison, toutes leurs affinités ethniques et spirituelles. Et cette alliance est et restera basée sur un concours constant dans l'œuvre mutuelle, en Europe, en Afrique, en Asie, partout où il faudra combattre et vaincre. Jusqu'au bout !

Avant même la déclaration de guerre de l'Allemagne en mars 1915, nous avions fait acte de belligérants, en cédant à l'Angleterre, avec un parfait désintéressement, nos canons, nos fusils, nos munitions. En Afrique, grâce au courage de nos soldats, nous avons réoccupé les territoires que l'ennemi avait odieusement envahis par trahison ; et par nos opérations militaires sur la frontière méridionale de l'Est africain, nous avons coopéré à la conquête, aujourd'hui achevée, de la plus importante des colonies allemandes. En France, nous avons envoyé un corps expéditionnaire de 60.000 hommes, qui est bien faible comme nombre, en comparaison des immenses armées du front occidental, mais qui est bien fort pour nos ressources financières, et dont, surtout, l'appoint moral n'est pas à dédaigner. En Afrique, nous avons 40.000 combattants.

Et les difficultés n'ont fait qu'accroître nos énergies. Je n'en citerai qu'un exemple, le fait même qui a décidé de notre rupture avec les Enpires centraux.

Les transports en Angleterre avaient énormément renchéri : récemment encore, il a été estimé que le prix unitaire du fret pour certains pays a augmenté de mille pour cent. L'Angleterre rencontra de grands embarras pour faire face à toutes les demandes de transports du gouvernement de la Belgique et autres gouvernements ;

plus récemment encore, elle a établi un accord avec l'Italie, dans lequel le fret atteignait deux cents lires par tonne. Dans ces conditions, il était permis, sans pessimisme, de craindre que les lignes de navigation, spécialement en ce qui concernait le transport du charbon et du blé, ne fussent supprimées d'un moment à l'autre. Et nous eussions été placés dans l'impossibilité de subsister. C'est alors que nous eûmes l'audace de saisir les navires allemands qui se trouvaient dans nos ports. Ce fut une mesure de salut public, mais la guerre avec l'Allemagne en était rendue inévitable.

Eh quoi, a-t-on semblé nous dire, le Portugal n'aurait-il pas dû se tenir tranquille ? Pourquoi courir des risques, lui qui vivait paisiblement, loin des divers théâtres de la guerre ?

Eh bien, j'ai l'audacieux orgueil de le proclamer, nous sommes entrés en guerre... par intérêt ! Oui, par intérêt !

Quel intérêt ? L'intérêt de la Patrie portugaise, l'intérêt de la Civilisation latine, l'intérêt de l'Humanité honnête.

L'intérêt de la Patrie portugaise... Pour sauvegarder notre empire colonial d'Afrique, où est tout notre avenir, nous avions intérêt à la défaite de cette Allemagne qui osait le convoiter. Pour développer nos ressources naturelles et principalement nos richesses minières, nous avions intérêt au triomphe des Alliés, dont l'appui sera notre relèvement économique. Et c'est surtout pour accroître notre foi en nos nouvelles destinées, assurer nos jeunes libertés, fortifier notre esprit public dans une régénération sociale, qu'il nous était nécessaire de nous ranger du côté de ces nations dont les principes d'idéal démocratique nous ont toujours servi d'exemple et de guide. Sous la pluie de feu qui tombe sur nos soldats dans les tranchées du Nord, notre République conquiert son droit à la vie et reçoit son baptême de gloire.

L'intérêt de la civilisation latine... Il y a quelques mois, un homme d'Etat espagnol quittait le pouvoir, en s'écriant : « J'estime que l'Espagne est dépositaire du patrimoine spirituel d'une grande race. Elle doit aspirer, par son histoire, à présider la confédération morale de toutes les nations issues de son sang. Et cette aspiration serait définitivement détruite, si, dans une heure aussi décisive, l'Espagne pouvait apparaître comme moralement séparée de ces nations, ses filles. » Nous aussi, Portugais, nous avons une grande nation issue de notre sang, de notre cerveau, de tout notre atavisme latin. Devions-nous montrer au Brésil que nous étions parjures à tous ces splendides principes de droit, de liberté et de justice qui lui sont venus de nous et dont nous lui étions garants ? Le flambeau de la civilisation latine, nous l'avons, dès la première heure, élevé assez haut, pour que ses rayons soient allés, par delà les mers, illuminer les âmes de nos frères d'Amérique et les entraîner avec nous. Le Teuton voulait l'éteindre, le flambeau latin : aujourd'hui, porté par les mains fraternellement unies du Portugal et du Brésil, il resplendira plus que jamais.

L'intérêt de l'humanité honnête... S'il est une vérité qui se dégage, impérieuse, au-dessus de la mêlée mondiale, c'est que désormais il ne sera plus possible à une nation honnête de rester neutre. Peut-être même sera-ce là une des bases de la future Société des Nations : *la ligue de tous les peuples contre celui qui voudra s'attaquer à un autre.*

Thucydide l'avait dit : celui qui laisse commettre un crime est aussi coupable que celui qui le commet. Le Portugal l'a compris, et il semble que déjà, en 1914, avaient résonné dans son cœur ces vers qui, en 1916, retentirent jusque sur les bords du Danube, aux applaudissements de tout le peuple roumain :

Quiconque entre le bien et le mal reste neutre,
Au milieu de la lutte en son coin se calfeutre,
Raisonnant la victime et flattant le bourreau,
Pour garder sans pudeur son épée au fourreau,
En vain affecte-t-il une allure sereine,
Toujours je lui crierai: « Descends donc dans l'arène !
Même vaincu, ton nom restera glorieux !
Mais neutre !... un criminel n'est pas plus odieux. »

En sortant de sa neutralité, le Portugal — comme la Belgique, en défendant la sienne — a donné au monde une des plus hautes leçons morales que l'Histoire ait jamais enregistrées.

Et c'est là ce qu'il y a eu, ce qu'il y a de plus grand dans l'effort portugais.

LE PORTUGAL
ET L'UNION OCCIDENTALE

« Ah ! si j'avais été maître des mers ! » s'écriait Napoléon. « On ne peut sans la mer, avait dit auparavant Richelieu, ni profiter de la paix ni soutenir la guerre... » Et depuis, Lloyd George, — dont l'énergie s'égale à celle du grand capitaine et du grand homme d'Etat, — complétait leur pensée, dans un de ses derniers discours, en disant que la maîtrise des mers n'a jamais manqué de donner la victoire finale à la puissance qui la possède.

C'est dans les courants des mers qu'il faut chercher les grands courants de l'Humanité. C'est sur leurs bords que se sont créés les grands empires. La Méditerranée a joué ce rôle dans l'antiquité, l'Atlantique le joue dans le monde moderne.

De l'Arctique à l'Antarctique, l'Atlantique est comme un immense canal, aux proportions les plus harmonieuses, passant à travers tous les climats du globe terrestre et reliant entre eux des pays dont les produits sont principalement agricoles à des pays dont les produits sont principalement industriels. L'harmonie de ce système océanique est complétée par l'inclinaison des continents qui le bordent, et dont les vastes plaines lui envoient, par les larges et longues voies de leurs fleuves, ses tributaires, l'apport facile de leurs richesses.

Et comme ces continents sont peuplés de nations d'une même famille, l'anglo-latine, l'Atlantique fait à cette famille une situation unique et irremplaçable, d'un côté en joignant ses éléments, de l'autre en lui ouvrant l'accès de toutes les autres parties du monde.

Or si, comme le racontent les mythes des vieilles religions, la Terre est fille de l'Océan, on peut dire que le Portugal est fils de l'Atlantique. Accroché par une étroite bande de terrain à l'extrémité de l'Europe, toutes ses vues sont sur la vaste mer qui, après lui avoir donné la gloire dans le passé lointain du Moyen Age et de la Renaissance, continue à attirer toutes ses aspirations modernes vers les horizons et les destins de l'Occident.

C'est cette situation maritime qui a inspiré au

Portugal sa politique d'alliance perpétuelle avec l'Angleterre.

On a prétendu que, par cette politique, le Portugal était devenu le vassal de l'Angleterre. Erreur complète, provenant d'une ignorance peut-être volontaire, accentuée en tous cas par la haine rageuse de l'Allemagne. L'Angleterre, — quoique cela puisse paraître un paradoxe, — a autant besoin de ce qu'on appelle à tort le petit et faible Portugal, que le Portugal a besoin de ce qu'il appelle avec raison sa grande et puissante amie. Sans rappeler ces fameuses lignes de Torres-Vedras, d'où Wellington commença contre Napoléon la lutte qui devait finir à Waterloo, la guerre actuelle vient de le démontrer une fois de plus. Pour que l'Angleterre ait la maîtrise des mers, — cette maîtrise, ai-je dit, qui est le facteur le plus important des victoires finales, — il faut aux flottes anglaises des points d'appui. Dans l'Océan Atlantique, ces points d'appui, les plus sûrs, sont les ports de Lisbonne, de Lagos, de l'archipel des Açores, du Cap-Vert, et ces points d'appui sont portugais. Sur les rives africaines de l'Océan Indien et comme débouché au Dominion du Transvaal, il n'y a qu'un port stratégique, Lourenço-Marquez, et Lourenço-Marquez est portugais. Même en Asie, Macao et Timor, colonies portugaises, servent de flancs-gardes à la colonie anglaise de Singapoore.

Notre situation maritime nous a toujours également décidés à garder en Afrique cet empire colonial, qui est aussi grand que celui des plus grandes puissances et qu'une dynastie, traîtresse à la patrie, osait parler de vendre en bloc ou en détail. Honte qui a tellement soulevé notre indignation, qu'elle a été pour beaucoup dans le renversement de la royauté. Aujourd'hui, la République, reprenant les traditions des glorieux ancêtres, a une politique résolument africaine, et ses colonies d'Afrique, mises à l'abri des convoitises allemandes et désormais savamment exploitées, coopéreront, pour le bien de l'humanité, au développement des immenses richesses que le continent noir réserve aux forces épuisées des vieux continents.

C'est sa situation maritime, enfin, qui, perpétuant les tendresses de l'âme familiale et les gloires des communs souvenirs, maintient les liens fraternels du Portugal avec le Brésil, et, par le Brésil, avec toute l'Amérique latine.

Qu'on me permette ici l'émotion d'un sentiment personnel !

Parler du Brésil, c'est parler du pays où je suis né et qui a été ainsi comme ma première patrie. Quand, après la déclaration de guerre de l'Allemagne au Portugal, les nouvelles me sont parvenues des vibrantes manifestations qui avaient eu lieu à Rio-de-Janeiro, avec quelle joie il m'a été donné de constater que c'était le sang de mon sang, l'esprit de mon esprit qui se traduisaient dans un geste d'inoubliable noblesse, d'inoubliable solidarité. C'était la communauté hautement avouée de deux peuples qui, par leurs profondes affinités ethniques, leur histoire, leur langue, ne font qu'une même patrie spirituelle. A partir de ce moment, le Brésil était devenu pour nous, Portugais, un belligérant, un membre de l'Entente, dans la plénitude de son cœur, en attendant de l'être dans la plénitude de ses forces. S'il n'entrait pas dès lors en guerre, il déclarait, du haut de la tribune, par la voix de ses plus illustres représentants, sa ferme résolution d'accompagner les Alliés partout, dans la mauvaise comme dans la bonne fortune. Les *Lusiades* vont être écrites de nouveau par les deux peuples identifiés dans la même gloire. Le Brésil reste toujours l'immortalité du Portugal.

Si une alliance offensive et défensive n'est pas

encore conclue, il ne serait pas pour étonner que la guerre provoquât une confédération entre les deux nations.

C'est le désir d'une association intime avec le Brésil qui, joint aux raisons de notre alliance anglaise et aux nécessités de notre avenir africain, a fait naître au Portugal l'idée de la constitution immédiate d'une union perpétuelle entre tous les peuples riverains de l'Atlantique, l'idée de « l'Union occidentale ».

Cette confédération luso-brésilienne, — dont mon illustre ami Bettencourt-Rodriguez a rédigé un projet, — reposerait, en effet, sur les fondements suivants :

1° La nécessité de l'Union latine justifiée non seulement comme une mesure matérielle de défense commune des groupements qui la composent, mais aussi comme un besoin moral d'opposer à la barbarie germanique l'humaine et traditionnelle civilisation partie des bords méditerranéens ;

2° L'affirmation de l'Union latine comme un premier pas vers l'Union anglo-latine ;

3° L'étroite alliance politique, intellectuelle et économique que les conditions de guerre ont rendu indispensable entre les peuples de race anglo-saxonne, Angleterre et Etats-Unis, et les peuples de race latine d'Europe et d'Amérique.

L'Union latine, qui nous garantirait la possession de la Méditerranée, aurait pour complément l'Union anglo-latine, qui nous garantirait la possession de l'Atlantique.

Par ce premier traité luso-brésilien, le Portugal jouerait le rôle d'initiateur de l'Union anglo-latine ou Union occidentale.

Ce rôle, qui peut paraître bien grand pour notre petit pays, si on ne considère que l'étendue de son territoire européen, n'est pas trop grand, si on veut bien considérer la constance de l'esprit portugais aspirant, aujourd'hui comme autrefois, à faire de sa coopération à l'action mondiale l'idéal de son sentiment national.

Par notre initiative d'autrefois, nous avons rendu de grands services au monde, nous pouvons lui en rendre d'aussi grands, par notre initiative d'aujourd'hui, en faisant triompher cette idée dont nous nous sommes faits les propagateurs, l'idée d'Union occidentale, le plus sûr moyen, — je vais le démontrer. — pour finir *promptement* la guerre et organiser *logiquement* la paix, ces deux choses dont dépend l'avenir de l'humanité tout entière !

L'UNION OCCIDENTALE
ET LA FIN DE LA GUERRE

On peut, à l'heure actuelle, affirmer avec une certitude absolue que les Alliés vaincront les Empires centraux. Cette victoire peut-elle être obtenue par les armes ? Ceci est également certain. Mais ce qu'on ne peut encore prédire, c'est *l'époque* à laquelle cette victoire par les armes sera obtenue.

Telle est la raison qui porte les esprits, chez certains gouvernements et dans une certaine partie de l'opinion publique des pays alliés, à envisager un nouveau moyen de finir la guerre victorieusement pour l'Entente, le moyen économique. Ce moyen semble plus prompt que le moyen militaire, et, depuis quelque temps, l'idée en a été mise en avant, avec insistance, par des voix autorisées venant de divers côtés.

En Angleterre, c'est lord Robert Cecil, examinant la réponse du Président Wilson à la note du

Pape : « Soyons convaincus qu'il n'y a pas d'argument plus puissant pour forcer l'Allemagne à comprendre la sottise et l'immoralité de ses chefs militaires que de lui montrer que la guerre ne lui rapportera rien, même au point de vue strictement commercial. Elle a soulevé contre elle des forces jouissant de ressources commerciales immensément supérieures aux siennes. Dans le monde moderne, la force militaire n'est pas tout, et même si les armées allemandes étaient aussi heureuses et aussi invincibles que le Kaiser et ses généraux le prétendent, l'avenir de l'Allemagne continuerait à devenir de plus en plus sombre. Une ligue de nations, dotée d'un mécanisme convenable pour imposer l'isolement commercial à toute nation de proie, serait une sauvegarde véritable pour la paix du monde.

En France, c'est Victor Boret, écrivant dans son livre *La Bataille économique* : « Nous tenons l'Allemagne à merci si nous savons, entre Alliés, travailler à placer notre ennemie en face d'un programme mondial d'action économique vigoureusement exécuté. Un instrument bien forgé de pression économique nous permettrait de la contraindre à renoncer à ses prises, à s'incliner devant les revendications légitimes de ses adversaires. Que pèserait la Pangermanie en face du reste du monde coalisé et organisé contre elle ? Si grande et si forte qu'elle soit, elle serait petite et faible si nous savons l'envelopper d'un système mondial économique qui s'imposerait sans tarder à l'inquiétude de ses intérêts. » C'est un éminent économiste, Adolphe Landry, comparant le blocus passager de la guerre et le boycottage permanent de l'après-guerre : « Nous avons à notre disposition un autre moyen dont on parle moins que le blocus, mais qui nous permettrait d'aboutir plus sûrement peut-être, plus vite en tous cas. Annonçons à l'Allemagne que si elle refuse d'accepter immédiatement nos conditions de paix, nous sommes résolus, après la fin de la lutte militaire, à tenir nos marchés fermés à ses exportations et à ne plus lui céder nos produits. » Et, à l'extrême gauche du Parlement français, un socialiste même, et non des moindres, Marcel Cachin, député de Paris, affirme : « La guerre, à l'heure où nous sommes, doit être une guerre économique. L'Allemagne s'est emparée de quelques territoires, mais elle est en train de perdre le marché du monde. Les Alliés ont d'autres forces que la force militaire à leur disposition. L'heure est venue de s'en servir. »

Mais ce qui est plus significatif, c'est que l'arme économique que proposent les théoriciens, les gouvernements en viennent à proclamer qu'ils sont décidés à l'employer. En France, le Président du Conseil, Ribot, déclarait : « Si l'Allemagne se refuse à devenir une démocratie pacifique, c'est dans ses intérêts économiques qu'elle risque d'être atteinte par la Ligue de commune défense que les peuples se verront forcés d'organiser contre elle...» Et dans la même journée, deux hommes d'Etat anglais, qui savent ce que parler veut dire, Lloyd George et Bonar Law, précisaient ce qui, sans doute, fait déjà l'objet de pourparlers entre gouvernements alliés : « Plus longtemps l'Allemagne continuera la guerre militaire, plus longtemps, après la guerre militaire, nous lui ferons la guerre économique. »

Pour comprendre ce que cette menace contient de terrible pour l'avenir de l'Allemagne, il est bon de se rappeler ce qu'était dans le passé la situation industrielle et commerciale de ce pays vis-à-vis des pays étrangers, et notamment vis-à-vis des pays d'Occident.

L'Allemagne exportait, en 1913, pour 10.096 millions de marks de marchandises.

Ce chiffre comprenait pour les pays d'Occident :

Angleterre	1.438	millions
France	789	—
Belgique	551	—
Italie	393	—
Etats-Unis	713	—
Amérique du Sud..	1.519	—

Soit un total de 5.403 millions de marks, c'est-à-dire plus de la moitié de ses exportations que l'Allemagne perdrait, si l'Occident faisait d'une union économique le prélude d'une union politique.

D'autre part, l'Allemagne a importé en 1913 pour 10.770 marks de marchandises, dont la moitié provient également des pays d'Occident. Et si ces marchandises, principalement composées de matières premières, ne lui étaient plus fournies, il s'ensuivrait la ruine radicale de son industrie.

Cette situation, que créerait contre elle l'Union économique de l'Occident, n'a pas été sans être déjà envisagée, avec une vive appréhension, par les économistes et les financiers d'Outre-Rhin. Lorsque, en juin 1916, il a été décidé, à la Conférence de Paris, que, pendant un nombre d'années à fixer, le traitement de la nation la plus favorisée ne pourrait être accordé par les Etats alliés aux puissances ennemies, et que les Etats alliés échangeraient entre eux par préférence leurs ressources naturelles durant toute la période économique qui suivra la cessation des hostilités, un vif émoi s'empara des milieux industriels allemands.

Combien cet émoi ne deviendra-t-il pas plus grand, si aux cinq nations occidentales qui ont participé à ces résolutions, se joignent les autres nations d'Occident, qui, depuis, sont entrées en guerre ou ont rompu les relations diplomatiques avec les Empires centraux... les Etats-Unis, le Brésil, l'Argentine ?

C'est que l'Allemagne compte absolument sur le relèvement et le renforcement de son industrie et de son commerce après la guerre, pour reprendre, — et cette fois-ci à coup sûr, — ses projets obstinés d'hégémonie mondiale. Dès à présent, elle s'y prépare. Elle veut notamment, et plus que jamais, étendre sa main-mise sur la plus riche partie de l'Occident et peut-être du monde entier, l'Amérique du Sud. Pour lutter contre les concurrences qui la menacent, des organisations formidables, inouïes, sont d'ores et déjà créées. Fédérations économiques, banques, usines, magasins, écoles professionnelles, musées, sont prêts à fonctionner. A Hambourg, et jusque dans les ports hollandais, toute une nouvelle flotte de commerce est construite, et, ses cales déjà remplies de marchandises, prête à voguer, aussitôt la paix signée, vers le grand continent que le professeur Paul Gast, de l'Université d'Aix-la-Chapelle, appelle « La belle Hélène du monde commercial », et considère comme d'une nécessité vitale pour l'Allemagne de l'avenir.

Aussi, remarquez l'évolution actuelle de la politique pacifiste d'Outre-Rhin. N'y commence-t-on pas à critiquer la folie des ambitions pangermanistes ? Dernièrement, un des publicistes les plus écoutés de la presse germanique, Daumann, l'auteur du fameux livre « *Mittel-Europa* », laissait échapper cet aveu : « Peu importe à nos industries textiles que nous ayons la supériorité militaire, si nous ne pouvons obtenir de la laine et du coton. » L'organe officiel de la plus grande Allemagne, les « *Altdeutscher Blatter* », n'a-t-il pas publié sous le titre « La paix et l'avenir économique », un bilan qui n'est pas rassurant pour nos ennemis et se termine ainsi : « Comment l'Allemagne pourra-t-elle se tirer d'affaires si elle ne peut pas se procurer des matières premières ?

Elle ne pourra soutenir la concurrence de l'étranger, ni payer les intérêts de ses changes de guerre. Que lui restera-t-il ? La banqueroute. »

Et cette inquiétude perce à travers toutes les lignes des dernières déclarations gouvernementales des Empires centraux. En réponse à la Note du Pape, — qui déjà, lui-même, exprimait le désir d'une solution de la question économique, « en enlevant tout obstacle aux voies de communication des peuples et en assurant la vraie liberté et communauté des mers », — le cabinet de Berlin s'empresse d'accepter ce point de vue : « L'Allemagne cherche le droit à la concurrence avec des nations égales en droits. Nous partageons la manière de voir de Sa Sainteté sur des règles précises et des garanties certaines pour la liberté des mers. »

A Vienne, le comte Czernin insiste : « Le principe qui devra être établi pour arriver, après ces temps pénibles, à une libre activité économique de tous les peuples, consistera à éviter absolument dans l'avenir toute guerre économique. Il faut absolument mettre la guerre économique hors de toute combinaison future. »

Ces craintes de l'Allemagne et de ses complices dictent leur conduite aux Alliés.

L'Allemagne et ses complices n'ont plus qu'un espoir, c'est que les Alliés ne s'entendent pas entre eux pour donner à la menace économique toute la force et toute l'ampleur qu'elle comporte.

Et, malheureusement, jusqu'à présent, cet espoir n'a pas été déçu. Il m'est pénible de le constater, — mais il est de mon devoir de le dire, et cet exposé n'aurait aucune raison d'être si je ne le disais pas, — les Alliés, jusqu'à présent, n'ont rien fait de ce qu'il fallait pour détruire cet espoir.

La Conférence de Paris, en 1916, n'a été suivie d'aucun des résultats que les hommes d'Etat, vraiment perspicaces et patriotes, en attendaient. Les pourparlers entre alliés, pour mettre en formes diplomatiques les doctrines émises dans cette Conférence, ont misérablement échoué. Là où il fallait un programme mondial d'action économique vigoureusement concentrée, on n'a même pas su conclure des accords particuliers. Encore une fois, les intérêts égoïstes de chaque pays ont dominé l'intérêt général de l'association ; les ferments d'anarchie internationale l'ont emporté sur le devoir impérieux d'un accord salutaire et libérateur. Et grâce à ces intérêts égoïstes, grâce à ces ferments d'anarchie, l'Allemagne ne voit pas encore se dresser contre elle l'arme formidable, l'arme économique, qui abattrait infailliblement et promptement sa puissance militaire.

Un cri angoissant de vérité et de bon sens vient d'être poussé par la Conférence interparlementaire du commerce, réunie ces jours-ci à Paris : « Considérant l'état d'incertitude que fait naître, au sein de l'Entente, l'absence prolongée d'une ferme orientation en matière économique, le Conseil adresse une exhortation solennelle et pressante aux gouvernements alliés de traduire en faits les principes acceptés par la conférence gouvernementale tenue en juin 1916. »

Mettons que les alliés d'Orient ne puissent plus aujourd'hui répondre à cet appel. Mais est-ce que les Alliés d'Occident ne doivent pas l'entendre ?

Pour brandir contre l'Allemagne l'arme économique qui doit réduire à merci l'ennemi du genre humain, n'est-il pas du devoir des Alliés d'Occident de ne plus tarder ?

Qu'ils forment dès maintenant leur union économique, prélude de leur union politique ; *qu'ils en signent le traité et le* PROCLAMENT, avec cette clause additionnelle : « Autant de *mois* l'Allemagne continuera la guerre militaire, autant *d'années* les Alliés continueront l'après-guerre économique. »

Le lendemain du jour où l'Occident signera et proclamera ce traité, l'Allemagne commerciale forcera l'Allemagne militaire à demander la paix.

L'UNION OCCIDENTALE
ET LA SOCIÉTÉ DES NATIONS

En passant du terrain philosophique, où Kant l'avait placée, au terrain politique, où Wilson vient de la poser, l'idée « Société des Nations » a donné naissance à deux erreurs capitales.

La première consiste à affirmer que la Société des Nations est et sera toujours une utopie. Elle a pour partisans les conservateurs qui ne comprennent jamais qu'une conception nouvelle puisse remplacer une ancienne organisation ; les indolents qui ne voient dans cette nouvelle conception que les difficultés de sa réalisation ; les contradicteurs perpétuels qui ne l'acceptent pas parce qu'ils ne l'ont pas inventée ; les égoïstes qui la combattent parce qu'ils la croient contraire à leurs intérêts.

Ce sont les adversaires éternels du progrès, ceux qui ont toujours méconnu, envers et contre tout, le développement naturel des lois biologiques, historiques et morales de l'Humanité.

Ce sont ceux qui, aveugles volontaires et niant toute évidence, contestent cette vérité biologique : la Nature procédant par voie d'agglutination, allant du simple au complexe aussi bien dans les infiniment grands des mondes astronomiques que dans les infiniment petits des mondes microbiques.

Ce sont ceux qui ne se rappellent pas ou feignent de ne pas se rappeler les évolutions historiques de la famille à la tribu, de la tribu à la féodalité, de la féodalité à la nationalité, et ont l'outrecuidance de dire à l'Humanité : « Non, tu ne passeras pas par une nouvelle transformation, celle qui, allant de la nationalité à l'internationalité, t'amènera au but suprême, ton unité ! »

Ce sont ceux qui ignorent les bases mêmes de toute morale et de toute logique : la morale ordonnant que les individus se perfectionnent dans l'état social, et la logique ordonnant que cet état social qui convient aux individus humains pour se perfectionner doit convenir également aux collectivités humaines.

Voilà les principes fondamentaux de la Société des Nations, et quiconque, contestant ces principes, déclare la Société des Nations une utopie, est lui-même un utopiste, un fou, et, qui plus est, un criminel. Il est coupable, en s'opposant et engageant à s'opposer à la marche régulière de l'Humanité vers ses vraies, bienfaisantes et belles destinées.

Ceux-là, aussi, sont coupables qui, par une erreur contraire, affirment que la Société des Nations est immédiatement réalisable, dans son universalité. Toute Société ne peut naître et vivre que si elle est composée d'éléments sociables. Cette condition existerait-elle actuellement pour une Société mondiale des Nations ? Il faudrait d'abord que les entités dont elle sera formée soient bien déterminées. Seront-ce celles actuellement constituées, ou d'autres qui seront constituées demain ? Une fois résolu le problème, — dont personne ne niera les difficultés, — de l'application de ce grand principe des nationalités, qui, combattu ou soutenu, domine la situation, est-ce que, — comme l'ont proclamé tous les hommes d'Etat de l'Entente, depuis Wilson et Lloyd George jusqu'à Clemenceau et Sonnino, — il ne faudra pas exiger de chacun des membres qui voudront entrer dans la Société internationale les mêmes qualités essentielles, c'est-à-dire les qualités qui distinguent les organisations démocratiques des organisations autocratiques ? Et enfin, est-il vraiment possible, pendant la guerre, d'établir entre les belligérants la liaison nécessaire pour discuter les clauses d'un traité d'union universelle ?

Je le sais, cette dernière question a soulevé et soulève encore des discussions passionnées, présentée qu'elle a été à l'opinion publique en ce dilemme catégorique : « La paix sortira-t-elle de la Société des Nations préalablement constituée, ou la Société des Nations sortira-t-elle de la paix imposée par les Alliés ? »

Un grand parti, le parti socialiste internationaliste, a pris nettement position en faveur du premier terme de ce dilemme. L'ensemble de ce parti invité par les socialistes neutres de Hollande et de la Suède à se réunir à Stockholm en vue d'arrêter des accords pour une paix fondée sur la constitution préalable de la Société des Nations, les socialistes allemands ont accepté les premiers, puis les socialistes russes, et enfin les socialistes français. Tous obéissaient à cette double préoccupation : renouer les relations professionnelles du socialisme international, rompues par la guerre, étendre leur influence politique en devenant les promoteurs de la paix. Entièrement dévoué aux intérêts des classes ouvrières, dont j'ai eu pour ami l'un des plus nobles apôtres, Benoît Malon, ma vive sympathie me permet de dire aux socialistes des pays libres d'Occident : « Méfiez-vous ! En vous rencontrant avec les socialistes allemands à Stockholm, si vous y allez, ce n'est pas, à part quelques rares exceptions, avec des socialistes comme vous, des internationalistes comme vous, des citoyens indépendants de pays démocratiques comme vous, que vous vous rencontrerez, mais avec les plats et fourbes valets des vieilles autocraties, avec ceux qui vous ont trompés en appuyant ces autocraties qui déchaînaient la guerre, avec ceux qui veulent encore vous tromper, en essayant de sauver ces autocraties qui ont besoin de la paix ! »

Chose monstrueuse ! A peine le Président Wilson a-t-il eu proposé la création de la Société des Nations que nul n'a été plus pressé d'y adhérer que les Empires centraux ; ces Empires centraux qui seuls, à la Conférence de La Haye, refusèrent de voter l'arbitrage obligatoire, seuls se refusent au régime parlementaire, base de tout régime démocratique, seuls outragent le principe le plus essentiel de la Société des Nations, le principe des nationalités. Demandez à la Bohême, à

la Transylvanie, aux Yougoslaves, aux Polonais,
s'ils croient à la loyauté des Empires centraux
affirmant si pompeusement leur foi en la Société
des Nations. Ce que ces Empires de proie cherchent, soit directement par leur réponse aux notes
wilsonniennes et papales, soit indirectement par
leur propagande défaitiste et leurs émissaires de
la Social Democratie, — ce qu'ils cherchent en
demandant si ardemment la réunion du Congrès
qui discuterait la Société des Nations pour en
faire sortir la paix, c'est d'échapper aux épou-
vantables désastres dont les menace la continua-
tion de la guerre. Pour la réunion de ce Congrès,
il y aurait un armistice qui leur permettrait de
refaire leurs forces militaires d'aujourd'hui ; pendant le Congrès, il leur serait possible de mêler
si bien les clauses rigoureuses d'un règlement
équitable du conflit et les clauses conciliatrices
de l'établissement d'une union internationale,
qu'ils seraient maîtres des forces pacifiques de
demain.

Vouloir faire sortir la paix juste et durable de
la Société des Nations préalablement constituée,
c'est marcher avec les pires ennemis de la paix
durable et juste, c'est là faire encore œuvre d'uto-
pistes, de fous et de criminels.

Mais si la constitution d'une Société générale des Nations entre éléments incapables de la former est actuellement dangereuse, immorale et impossible, il y a, au contraire, tout avantage, toute justice et toute possibilité pour la constitution d'une union préliminaire entre les Nations qui ont les capacités voulues pour créer plus tard la véritable Société des Nations, c'est-à-dire entre les nations alliées pour la défense du droit.

Cette opinion a pris, depuis peu, une extension considérable. On peut certifier que toute la grande presse parisienne est en train de s'y rallier.

« La guerre actuelle, dit *Le Temps*, par les rapprochements qu'elle a déterminés entre les puissances défendant la même cause, contribuera certainement à établir les bases d'une Société des Nations. Ce sera la Société des Nations affranchies, qui est dans l'ordre logique des choses. » De Th. Ruyssens, dans *La Paix par le Droit* : « La guerre a créé et concerté une internationale limitée d'un genre nouveau, celle des Alliés. Il y aurait la plus égoïste des impossibilités morales, si les Alliés revenaient au « splendide isolement » dont ils ont failli mourir. » De Vazeille, dans le *XIXe Siècle* : « Oui, il y aura une Société des Nations. Mais comment devons-nous constituer cette Société des Nations, si ce n'est en réunissant d'abord les nations libres en Sociétés. » De Georges Parville, dans *Le Rappel* : « Pour se prémunir contre les dangers d'une Société des Nations, qui ne soit pas qu'un mot gonflé de vent et d'espérance, il n'est qu'un moyen, conserver et resserrer l'alliance entre les Alliés d'Occident. La Fédération Occidentale préparera les véritables Etats-Unis du Monde. » De Jean Finot, dans *La Revue* : « Toute la question est là. Faut-il que la Société des Nations sorte de la paix victorieuse, ou celle-ci de la Société des Nations ?

« En intervertissant les rôles, nous risquons de n'obtenir ni une paix durable, ni une Société des Nations viable. Et comment va-t-on établir les rôles des nouveaux membres de la Confédération des peuples ? La victoire des Alliés nous procurera au moins une douzaine de nouvelles unités. Or ces pays qui n'ont point vécu sous le régime de la liberté auront besoin de quelques années pour prendre conscience d'eux-mêmes. La Société des Nations nous viendra de la paix organisée par les Alliés qui en formeront le noyau d'autant plus imposant qu'ils incarnent non seulement l'idéal des humains, mais aussi une majorité écrasante des peuples. »

Ces mêmes idées faisaient l'objet d'une déclaration du gouvernement français, devant le Sénat, le 6 juin dernier : « Le moment est proche où tous ceux qui se seront serré la main dans cette lutte et qui auront poursuivi cette guerre jusqu'au bout, éprouveront le besoin de ne pas se séparer au lendemain de la victoire et où la ligue des nations aujourd'hui en armes pourra être demain une ligue de paix, à condition que toutes les nations qui y entreront soient animées du même esprit de justice et de liberté que la France. Il faut que toutes les nations qui ne sont pas des nations de proie s'unissent, forment des ligues vigoureuses capables d'imposer la paix au monde. »

Puis se produisent des manifestations, autres que des écrits et des discours. Le *Congrès du parti radical et radical-socialiste* inscrit dans son programme le passage suivant : « Le généreux **Président Wilson** nous propose d'instaurer le règne de l'harmonie et de la fraternité entre les démocraties. Notre parti accueille avec empressement l'idée de faire prévaloir entre les peuples libres les principes qui sont les conséquences logiques de la Société des Nations. » Auparavant, le Président du Congrès, M. Bonnet, s'était exprimé ainsi : « Les Alliés formeront les premiers cadres de la Société des Nations et en *prépareront les statuts*. Seront invités ensuite à y participer les Etats neutres et les peuples des Empires coalisés, quand ces peuples, éclairés par les revers et guéris de leur mégalomanie, seront libérés du joug autocratique. »

De même, au Congrès de la *Ligue des Droits de l'Homme*, M. Aulard faisait adopter à l'unanimité la motion suivante : « La Ligue des Droits de l'Homme émet le vœu qu'à la prochaine conférence des Alliés, le gouvernement français commence à réaliser l'idée de la Société des Nations, en proposant que les nations représentées à cette conférence établissent *entre elles, dès maintenant,* un arrangement tel qu'il y ait paix perpétuelle entre les nations contractantes. Toutes les nations libres seraient conviées à accéder à cet arrangement. »

De ces citations, déclarations, motions, il ressort que : premièrement, la Société mondiale des Nations ne peut être actuellement constituée ; deuxièmement, lorsqu'elle pourra être constituée, elle ne pourra l'être qu'avec des peuples démocratiques ; troisièmement, en première ligne de ces peuples, il faut placer les Alliés d'Occident ; quatrièmement, ces Alliés d'Occident peuvent et doivent constituer immédiatement entre eux une Société partielle des Nations ; cinquièmement, ils sont invités à commencer à en préparer la constitution dès leur plus prochaine conférence.

Ce qu'Henri Bérenger résume en une conclusion d'une justesse remarquable : « Un bienfait suprême sortira de cette guerre si les cinq nations unies d'Angleterre, Belgique, France, Italie et Portugal savent s'associer avec les Etats-Unis et le Brésil pour fonder, dans une paix qu'elles auront rendue solide, la *démocratie occidentale* définitive, celle qui ne sombrera ni dans le kaisérisme ni dans l'anarchie, mais dont l'avènement sera, selon le beau mot de Renan, « le règne de l'ordre, source des constitutions justes. »

Que sera donc l'Union de la démocratie occidentale, autrement dit l'Union occidentale, vis-à-vis de la Société des Nations ? Une garantie, une expérience, une direction.

Une garantie... Il est de toutes probabilités qu'au moment de la paix imposée par les Alliés, on ne se mettra pas immédiatement à préparer la Société des Nations, et en supposant qu'on commence immédiatement cette préparation, il est de toute certitude que pour la mener jusqu'au bout, il se passera un temps relativement très long, peut-être des années. Les problèmes à régler sont si nombreux, si variés et si complexes ! Et n'est-il pas à croire que, comme dans toutes les affaires humaines, les ignorances, les étroitesses de vue, les rivalités, les intrigues auront beau jeu pour se mettre en travers des travaux des négociateurs ? Et n'est-il pas à craindre qu'au milieu de ce brasier de charbons incandescents que sera le monde, après un tel bouleversement, il ne se rallume subitement un nouvel incendie ? Tant que la période critique, tant que le danger ne sera pas passé, tant que la Société des Nations, enfin, ne sera pas née viable, l'Union occidentale, la garantissant elle-même de tous périls, protégera la gestation de la future Humanité, sa naissance, ses premiers pas.

Une expérience... Ne sera-t-il pas plus aisé de faire un premier essai de la Société des Nations entre peuples qui auront été unis par la lutte et la victoire, qu'entre peuples qui auront été des adversaires pendant la lutte et se partageront, après la victoire, entre vainqueurs et vaincus ? Cet essai partiel, fait dans une ambiance déjà créée de sympathie et de confiance réciproques, ne sera-t-il pas la meilleure méthode pour se rendre compte de la valeur de tel ou tel organisme dont on dotera la Société générale ? Et quelle situation supérieure n'auront pas les Alliés d'Occident lorsqu'ils se présenteront au Congrès de la Société des Nations, avec des théories déjà éprouvées, des résultats déjà acquis ?

Une direction... Tels seront les principes qui dirigeront la constitution de la Société des Nations, telle sera la Société des Nations. Et c'est là que la civilisation anglo-latine, la civilisation d'Occident doit revendiquer hautement d'exercer sa mission séculaire. Quelle civilisation aurait ce droit plus qu'elle ? Ecartons les civilisations asiatique et musulmane, l'une qui n'est réveillée que d'hier et l'autre qui est encore endormie ; écartons la civilisation slave qui n'est qu'un chaos ; il ne reste plus en présence que la civilisation germanique et la civilisation anglo-latine. Cette mise en parallèle résout la question. Oserait-on soutenir, même une seule minute, que ce sera à la civilisation germanique à imposer ses principes à la future Société des Nations ? On les a vus à l'œuvre, ces principes, on sait ce qu'ils ont rapporté au monde de pertes matérielles et de douleurs morales. On sait, d'autre part, ce que la civilisation anglo-latine, dans le terrible conflit de mort, a apporté à l'Humanité de trésors de vie, de sagesse fraternelle et de beauté héroïque. Elle ne faisait que continuer ses traditions qui ont enfanté le monde moderne dans le Droit et la Justice : elle doit les continuer encore pour enfanter le monde de demain dans la solidaire Bonté. Dirigée par la civilisation anglo-latine, la Société future des Nations sera une Société d'hommes libres ; dirigée par la civilisation germanique, elle ne serait qu'une Société d'esclaves.

Et voilà ce qu'est l'Union occidentale vis-à-vis de la Société des Nations.

Et voilà comment, après avoir été l'instrument économique qui finira la guerre, l'Union occidentale doit être l'instrument social qui organisera la paix.

Sans la constitution préalable d'une vraie Union occidentale, point de constitution future d'une vraie Société des Nations.

L'UNION OCCIDENTALE

SA FORMULE

Si des confédérations ont été créées par la force et si la diplomatie a créé des alliances, c'est la seule amitié qui peut créer les unions.

Les unions ne peuvent se former qu'entre nations ayant véritablement les mêmes idées et les mêmes sentiments, voyant, au milieu de la vie universelle, s'ouvrir devant elles les mêmes destinées, tout en étant bien résolues à vivre de leur vie propre et libre et à conserver et défendre avec énergie et pertinacité leur génie ethnique pour le progrès même de l'Humanité civilisée. Dans ces unions, une mutuelle et constante confiance, affirmant que ce qui met l'un en péril met en péril les autres, ce qui fait la grandeur de l'un fait la grandeur des autres, et que si, entre une des nations unies et les autres, il naît des difficultés, toutes doivent s'employer à les aplanir dans un véritable esprit de fraternité. Tous pour un, et un pour tous, par la force de l'amitié enracinée dans les cœurs des masses populaires et par la force des intérêts communs compris par les intelligences supérieures.

Interpréter ainsi les unions internationales, c'est appliquer aux nations la maxime du Christ : « Aimez-vous les uns les autres. » Le ministre français Clemenceau vient d'avoir la hardiesse d'introduire dans la langue politique ce mot : « S'aimer ! » Déjà, nous avions vu, au Portugal, un esprit d'élite, Rodriguez de Freitas, opposer, dans ses théories d'organisation sociale, la loi de sympathie au brutal concept de la lutte pour la vie.

Mais à la maxime du Christ : « Aimez-vous les uns les autres », il faut, si on veut lui donner un sens pratique, joindre la maxime de Socrate : « Connais-toi toi-même », dont je me permettrai d'étendre la traduction, non pas aux individus seulement, mais aux peuples eux-mêmes : « Connaissez-vous les uns les autres. » Et j'ajouterai : « Si pour mieux vous aimer, il faut vous mieux connaître, pour mieux vous connaître, il vous faut *causer* ensemble. »

Causer ! créer un système qui amène et oblige

les peuples, et d'abord ceux d'Occident, à causer, en tout et toujours, voilà la formule qui doit être celle de l'Union occidentale, en attendant d'être celle de la Société des Nations.

Causer n'a guère été, jusqu'à présent, dans les habitudes des nations. Que de malentendus, que de suspicions, que de rancunes, que de conflits, que de désastres auraient été cependant évités, si les Etats, par leurs représentants, au lieu de rester loin sur les terrains entêtés des fuyantes notes diplomatiques, avaient consenti à se réunir de près pour causer, les yeux dans les yeux !

Ce n'aura pas été une des moindres curiosités de cette guerre que d'avoir vu se multiplier les conférences internationales. Que de bienfaits ne sont pas déjà sortis et ne sortiront pas encore des conférences militaires entre Alliés ! Que de bienfaits n'attend-on pas de leurs conférences économiques ! Et, à côté de ces conférences inter-gouvernementales, faut-il citer ces innovations de conférences interparlementaires, interjuridiques, intercommerciales, interintellectuelles, qui, chez chacun des Alliés d'Occident, ont eu pour but de mettre un peu plus de connaissances, un peu plus de relations, un peu plus d'union, un peu plus d'amitié dans les diverses manifestations de leur vie internationale. Dans une revue italienne, il était procédé, il y a quelque temps, à une enquête sur cette question : « Comment concevez-vous les institutions spéciales qui composeraient l'organisme commun des nations latines ? » Je relève deux réponses qui, par leur similitude, me paraissent des plus significatives. L'une est d'Achillo Loria, professeur à l'Université de Turin : « Il faut désirer la création d'une série de Commissions internationales qui auront pour but d'abattre les barrières se dressant encore entre les Latins, d'éliminer les dissonances inutiles de leurs codes, de rendre uniformes leurs régimes monétaires, financiers, douaniers, et faciliter entre eux l'échange des idées et des choses. Cet organisme nous mènerait au but d'union désirée, sans affaiblir l'individualité des Etats. » L'autre est d'Eugenio Rignano, directeur de la revue « *Scientia* » : « Les Commissions interparlementaires qui ont fonctionné pendant la guerre devraient devenir permanentes et prendre un caractère officiel : elles devraient avoir pour mission précise d'étudier et de discuter toutes les questions déjà communes ou susceptibles de le devenir. L'œuvre de ces Commissions serait complétée par des Comités intergouvernementaux qui se réuniraient à *époques fixes* et à qui appartiendrait l'exécution des mesures communes proposées par les Commissions interparlementaires et ratifiées par les Parlements. »

Pour faire l'Union occidentale sur une formule nette et claire, il n'y a donc qu'à répondre à ces indications d'opinions justes et éclairées, il n'y a qu'à transformer en *institutions régulières et permanentes* ces *actes aléatoires et passagers* qu'ont été les conférences interalliées.

Il faut qu'entre Alliés d'Occident, il soit décidé, *dès à présent*, pour la guerre et l'après-guerre, *par des traités formels*, l'institution de conférences intergouvernementales à époques fixes et immanquables, c'est-à-dire « des CONFÉRENCES ANNUELLES OBLIGATOIRES » dans lesquelles les délégués des gouvernements unis examineront toutes les questions à résoudre ou à prévoir soit entre les Nations de l'Union, soit entre l'une d'elles et les Nations en dehors de l'Union.

N'avons-nous pas déjà l'exemple d'un embryon de cet organisme dans les conférences que, chaque année et par convention préalable, les Etats Scandinaves ont tenues scrupuleusement pour se mettre à l'abri des répercussions du présent conflit ?

Mais, entre les conférences annuelles, il pourra se présenter des cas subits et graves où la solidarité des Alliés devra être mise en jeu. Pour ces cas, il n'y aura qu'à prendre modèle sur une des clauses du traité russo-japonais du 3 juillet 1916 : « Au cas où les intérêts territoriaux ou spéciaux de l'une des parties contractantes en Extrême-Orient, reconnus par l'autre partie, seraient menacés, le Japon et la Russie *se consulteront* sur les mesures à prendre en vue de se prêter appui et de coopérer à la sauvegarde et à la défense des susdits droits et intérêts. »

Et c'est bien là que l'on peut constater la différence capitale qui existe entre les traités d'union, tels que je les conçois, et les traités d'alliance, tels qu'ils ont été conçus jusqu'à ce jour.

Dans sa brochure : *Vers l'Union occidentale*, mon très cher ami, Antoine Petit, a dit : « Les alliances, comparées aux confédérations, ont cet avantage de n'aliéner chez les nations contractantes aucune partie de leur souveraineté nationale, mais ont cet inconvénient de n'avoir trait qu'à un objet déterminé et pour une durée plus ou moins incertaine. Les alliances n'impliquent pas chez les peuples alliés la volonté de rester toujours unis, en confondant tous leurs intérêts et toutes leurs aspirations. Elles sont par nature circonstancielles et tel peuple qui a été l'allié de tel autre pendant la moitié d'un siècle, peut être son ennemi le plus acharné pendant l'autre moitié. Nous venons d'en avoir la preuve dans la rupture de la Triplice. Les alliances sont presque toujours conclues dans un but uniquement défensif. Mais qui ne voit et qui n'a vu comme il est facile de donner à une guerre offensive l'apparence d'une guerre défensive, de façon que l'allié de l'agresseur se trouve en présence de ce dilemme, ou être dupe, s'il suit son comparse dans une lutte contraire à ses propres intérêts et à l'esprit, sinon au texte du traité, ou être déshonoré, s'il rompt le traité ? »

Dans le traité russo-japonais, la clause de « consultation préalable » implique cette conséquence hautement pratique et morale que les deux alliés ne sont pas forcément solidaires l'un de l'autre, si, par exemple, l'un d'entre eux estime que la demande d'appui de l'autre l'entraîne vers l'entreprise ou la défense d'un acte injuste et nuisible. Une autre conséquence, non moins heureuse, en découle, c'est que devant ce refus d'assistance, le promoteur de l'acte injuste et nuisible hésitera à le commettre. Cette clause est une assurance et contre-assurance pour le bien et contre le mal : elle enlève à toute union le caractère d'une chaîne de forçats condamnés à se suivre coûte que coûte, serait-ce vers la mort ou le déshonneur.

Disons-le bien haut. Dans ces deux clauses « *conférences annuelles obligatoires* », « *consultations préalables* », qui doivent constituer la formule de l'Union occidentale, il y a toute une politique mondiale nouvelle, une politique d'avenir qui se différencie essentiellement de la politique du passé. *C'est la politique de confiance opposée à la politique de méfiance.*

Regardez ce qui se passe pour les prolégomènes de la Société des Nations. On n'y parle **que** d'arbitrages, tribunaux, pénalités, gendarmerie, comme si, dans la future Société, il ne devait y avoir que malveillance, discorde et conflits. Ce qui me fait penser au fiancé écoutant la lecture de son contrat de mariage : « Mais on ne parle que de ma mort là-dedans ! » Certes, oui, dans une Société bien organisée, il faut prévoir qu'elle contiendra des malhonnêtes gens ; mais ne concevoir l'organisation de cette Société qu'en vue de ces malhonnêtes gens et ne pas songer à organiser la vie des gens honnêtes, dans la conciliation, l'amitié et la paix, c'est perpétuer la politique du passé, *la politique de méfiance.*

Créez, au contraire, des institutions en vue des braves gens, — l'immense majorité, — des institutions qui rapprocheront les membres de la nouvelle famille internationale, les feront se voir, se causer, se connaître, s'apprécier, s'aimer ; d'un côté, vous n'aurez pas à vous servir de vos armes répressives, et de l'autre, vous inaugurerez *la politique de confiance,* la politique de l'avenir.

Voici donc, basée sur ces principes et ces arguments, la formule de traité d'union que je soumets aux réflexions des gouvernements d'Occident :

Le Gouvernement de... et le Gouvernement de... décident de s'unir pour le maintien d'une paix durable en Occident.

Leur accord est établi sur les bases suivantes :

ARTICLE 1er. — *Aucun des deux pays ne prendra part à un arrangement et à une combinaison qui seraient dirigés contre l'autre.*

ART. 2. — *Les deux gouvernements tiendront obligatoirement chaque année, à époque fixe, une conférence pour examiner les questions à résoudre ou à prévoir soit entre eux, soit entre l'un d'eux et tout autre gouvernement.*

ART. 3. — *Au cas où les intérêts territoriaux ou spéciaux de l'une des parties contractantes reconnus par l'autre partie seraient menacés, les deux Gouvernements se consulteront sur les mesures à prendre en vue de se prêter appui et de coopérer à la sauvegarde et à la défense des susdits droits et intérêts.*

Faut-il ajouter, — ce qui sera encore un avantage inestimable, — que de pareils traités ne nécessiteront pas la réunion de Congrès, sources de lenteurs et de difficultés, mais pourront dès à présent être conclus de nation à nation **anglo-latine** ?

La juxtaposition de ces traités formerait l'Union occidentale.

CONCLUSION

Les idées justes sont lumineuses. A la lumière
de la juste idée de l'Union occidentale, bien des
questions encore obscures s'éclaircissent.

S'agit-il de celle qui divise passionnément
l'opinion française et l'opinion allemande, la rive
gauche du Rhin, sa solution devient claire et
facile, si d'une question purement française et
allemande, on en fait une question occidentale. Le
Rhin sépare l'Europe centrale de l'Occident. L'Occident a sa frontière sur la rive gauche du fleuve
historique. A l'Occident de décider qui la gardera.

De même pour l'Adriatique, cette mer qui est
également une frontière de l'Occident. Y fortifier
la maîtrise italienne, c'est fortifier les marches
occidentales.

S'agit-il de la Roumanie à compléter par la
Transylvanie, ce n'est pas là, non plus, une question purement roumaine, c'est une question de
Latins à affranchir, une question de civilisation
anglo-latine à maintenir comme une initiatrice de

Vérité et de Justice au milieu des Balkans enfin libérés de la tutelle infâme du Teuton.

De même pour l'Asie-Mineure, ce centre où se rencontreront, comme dans l'antiquité, les futures routes terrestres du commerce mondial. Son futur destin n'est ni une question russe, ni une question anglaise, ni une question italienne, ni une question française, mais une question occidentale. Là, le monde occidental doit tendre la main au monde oriental pour barrer le chemin aux ambitions hégémoniques, d'où qu'elles viendront. Là, l'Occident assurera la paix de l'Univers.

S'agit-il enfin du continent africain, pourquoi la Barbarie allemande doit-elle en être expulsée ? Ce ne sera pas au nom des intérêts égoïstement nationaux des Français, Belges, Italiens, Anglais ou Portugais, mais au nom des devoirs supérieurs de la civilisation anglo-latine, les droits des colonisations n'étant légitimes que s'ils sont fondés sur les devoirs des civilisations.

Telle sera, en ce qui concerne les principales questions de demain, l'immédiate et bienfaisante influence de l'Union occidentale, si elle est constituée aujourd'hui. N'y aurait-il que cette raison de la faire, il faudrait la faire.

Elevez donc vos âmes, Alliés d'Occident, au-dessus de ces erreurs, ces fautes, ces rivalités de prestige, ces susceptibilités, ces suspicions, ce manque de coordination qui, d'après Lloyd George, ont empêché jusqu'ici, avec votre victoire, la fin prompte de la guerre.

Elevez vos âmes, Alliés d'Occident, au-dessus de ces inexcusables petitesses qui empêcheraient, dans votre victoire, l'organisation logique de la paix.

Sursum corda ! Excelsior !

Pour le salut de vos Patries, le salut de l'Humanité, faites, Alliés d'Occident, faites, et dès maintenant, votre union, l'union de la Raison et du Cœur, l'union du Droit et de la Liberté, l'union de la Paix et du Progrès, l'Union occidentale.

Et moi, de toute mon âme de Portugais qui se souvient que ma Patrie, la Patrie portugaise, a fait faire autrefois à l'Humanité les plus grands progrès qu'on avait vus depuis les temps antiques, je vous dis : « Si l'Occident ne forme pas *aujourd'hui* une Société de Nations, dans l'indépendance des démocraties ordonnées, l'Allemagne formera *demain* la Société des Nations, dans l'esclavage des autocraties démagogiques. »

Ou ceci, ou cela.

FIN

TABLE DES MATIÈRES

Auxerre. — Imp. GALLOT, rue de Paris, 47.

www.ingramcontent.com/pod-product-compliance
Ingram Content Group UK Ltd.
Pitfield, Milton Keynes, MK11 3LW, UK
UKHW021439090726
13657UKWH00003B/1155